Les mots farceurs

Tome II

Sylvain Gary

Les mots farceurs

Tome II

Pour chatouiller vos zygomatiques

Le français en héritage

Éditions Glyphe

Du même auteur

Les Mots farceurs. Des jeux de mots à croquer. Éditions Glyphe, 2020.

Pinocchia, l'aventure secrète (en collaboration avec Gérard Majax). Éditions Abracadabra, 2006.

Zozo, le zinzin, à la poursuite de la Sorcière bleue. Éditions Abracadabra, 2007.

Chez le même éditeur (extrait)

Alfred Gilder. *Le Joueur de mots.*

Alfred Gilder. *500 Mots rigolos.*

Robert Haïat. *Mots patients, mots passants.*

Jean-François Hutin. *Les Esgourdes du Toubib. Argot et médecine.*

Éric Martini. *Petites Citations sur l'édition.*

Éditions Glyphe. Paris, 2021
85 avenue Ledru-Rollin. 75012 Paris
www.editions-glyphe.com
ISBN 978-2-35285-125-7

À la suite de son spectacle de chansons humoristiques dans plusieurs théâtres parisiens en compagnie de son pianiste compositeur habituel François Martin, Sylvain Gary a créé plusieurs clips destinés aux réseaux sociaux dont *Végan de toi* et *C'est la barbe.*

Avec un autre ami compositeur, Gil Ayo, il a créé les clips *V'la les masques* et *Le bonheur est là.*

Tous son visibles sur YouTube.

Au poker, cette *paire*
de couturiers tire toujours
leur **épingle** du jeu

Pour assister ce MAGICIEN ANGLAIS,
ces colombes sont obligées
de traverser la **manche**

À ses moments perdus, il paraît
que **Marcel Proust** pleurait
souvent comme une madeleine

À force de vivre comme un COQ
en pâte, ce jeune homme
a un **style ampoulé**

Hommage : Chez les flamands
bleus, on le surnommait Michou
de Bruxelles !

Si on fait tout **péter**,
ce sera la fin des haricots

À force de se comporter
comme un BRAS CASSÉ, Alfred
essuie souvent les **plâtres**

Plus on lui lèche les bottes,
plus il est dans ses pt'its souliers

Ce **professeur d'université**
n'a plus toutes ses *facultés*

Les regards en COULISSE
de ce vieux cabot sont de plus en
plus **obscènes**

Avec sa gueule enfarinée,
il s'est foutu dans le **pétrin**

Ce voleur de chien est tout
simplement **clebsoman**

Cette *vieille branche*
qui s'enracine devient dure
de la feuille

Ma télé est foutue.
Un comédien a vraiment
crevé l'écran

En 1940, un soldat américain
s'est écrié : ***Faut qu'j'y aille !***

Cet homme aux cheveux **blond**
épi est fauché comme **les blés**

Le **bourreau** dépité a déclaré :
Mon métier me prend **la tête** !

C'est en sautant plusieurs repas
que ce marin est devenu
un vagabond

En plein soleil, ce **BERGER**
a les cheveux qui rebiquent

Un cow-boy ne peut pas suivre
un régime SANS SELLE

Cette belle **cochonne** me lèche
tous les *pores* de la peau !

Elle a commis un larcin.
Dénichons, dénichons-la !

Cette chenille d'un **beau vert**
aime se promener
en solitaire

Cet **astronaute** fauché
rêve de Neptune

À force de se piquer,
la fleuriste a fait une **overdrose**

Ces chevaliers du **TASTEVIN**
rêvent d'aller faire
les **vendanges** au paradis

En guise de bar à bières,
il a ouvert un **bar à thym**

Cette **prostituée** refuse
de se reposer sur un hamac

Ma *jolie sirène* émet
des sons enchanteurs
avec son *piano aqueux*

Il vaudrait mieux
que cet homme de paille
ne fasse pas du FOIN

Ce conducteur de char
est un champion de *pétanque*

Mon parapluie ressemble comme
deux gouttes d'eau
à ton ombrelle

Malgré son procès aux assises,
l'accusé s'est relevé

Mariage improbable
entre un **balai** de luxe
et un escabeau d'HLM

Quand il n'a pas le **moral**,
il se **console** avec ses jeux vidéo

Grâce à son manque de jugeote,
ce soldat est **bon con battant**

Tout en admirant mon tableau,
cette *vieille croûte* m'a retiré
le **pain** de la bouche

Depuis qu'il est croque-mort,
il roule à **tombeau** ouvert

À force de se faire marcher
sur les PIEDS, il a mis la clé
sous le paillasson

Depuis qu'il a pris de la bouteille,
mon frère aîné boit
enfin du muscadet

À Istanbul,
même LES CHOMEURS BOSSENT FORT !

À l'arrivée de la course,
Julie masse tous les cyclistes
qui en bavent

Cet écrivain *perse* se méfie
de CES MOTS-LÀ !

Depuis qu'il porte
des pulls en *laine polaire*,
cet Esquimau se comporte
comme un *ours mal léché*

Déjà au berceau,
il jouait avec ses *boules*.
On le surnomme le cochon né !

Ce n'est pas en faisant
de l'**équilibre sur un trapèze**
qu'on peut rouler sur l'or

Violette juge les propos
de Marguerite au ras
des *pâquerettes*

C'est fou tout ce que ce **savant**
déchiffre dans la pénombre

Quand Édith Piaf chante,
les amants *roucoulent*

Attention Anna, t'as les dents
qui poussent et ça *empire*...

Cette salope de balance
se cache à coup sûr
parmi les **randonneurs**

Le curé du village
est fier de son patrimoine

Il ne suffit pas de porter
un smoking pour être invité
chez LA REINE

Ah! tu traites ma sœur de planche
et tu veux sortir avec.
Eh bien, tu peux repasser

Ida, es-tu d'accord
pour convaincre la Reine
de stopper cette BARBARIE ?

Il n'a que des *pépins*
depuis qu'il a acheté son
pébroque dans un bric-à-brac

Ma sœur s'est mise à la **colle**
avec un représentant de *Scotch*

Parce qu'il est tombé sur **la fève**,
ce dentiste couronné est
devenu très pédant

Pour le transfert de Dédé
La Fripouille, ce *gardien
de prison* n'a pas été **prévenu**

Ce buveur de bière si allumé
a pris sa vessie pour une LANTERNE

Ce n'est pas parce qu'il n'y a
plus de **framboises**
que tu dois te taper la tête
contre les murs

Pour ne pas boire la tasse,
ce producteur de café surfe
sur la vague en écumant

Cet amateur de bijoux croit
qu'en collectionnant des montres,
il va pouvoir *tuer le temps*...

Monsieur Gary, votre bras droit
vous tient un peu trop la jambe

Sylvain, pas besoin d'être
devin pour voir que nous
sommes faits du même **tonneau**

En vraie nature morte,
Camélia aurait mérité
un **cadre supérieur**

Elle s'est retrouvée **COUPÉE EN DEUX**
par le pouvoir d'un sorcier

À force de boire des piquettes,
la vie de ce pilier de bistrot
tourne au *vinaigre*

Ce mec qui n'a pourtant
rien sous le **calot** touche
quand même sa **bille**

Quand je dis à Tante Ursule
que je ne crois pas aux **extra-
terrestres**, elle ouvre les yeux
comme une **soucoupe**

Ce n'est pas parce qu'il est
diabétique, qu'il doit me
casser du sucre sur le dos

Y'a trop de gens qui te raillent,
quelque chose se **trame**.
– *Ouais !*

En période d'*épidémie*,
pour un noble, chaque **vie compte**

– Êtes-vous au courant de la
révolte des électriciens ?
– **WHAT ?**

Pour sécuriser le **riff**,
c'est beaucoup trop cher
d'y placer un **Marshall**

Ce cinéphile préfère une **vieille**
Catherine à deux neuves

Rares sont les jeunes *poulettes*
qui aiment le style **rococo**

Depuis qu'on l'a nommé
commandant de bord,
ça plane pour lui !

Avec son nouveau tome,
ce berger écrivain a trouvé
SA VOIE...

Après un film d'horreur
au festival de Cannes, un critique
aveugle braille sur la Croisette

Sous Henri IV, la vie
d'un félon tournait court,
dixit Ravaillac

Mon collègue est si fayot
qu'il me coure sur le **haricot**

Ce chaud lapin court
plusieurs lièvres à la fois

Depuis que ce pochtron
a remonté la pente,
il a une sacrée **bonne descente**

En se comportant
comme un CHAMEAU,
il a fait le **désert** autour de lui

Le fait qu'il a toujours
le p'tit doigt sur la couture
d'son pantalon montre que
sa femme le mène à la **braguette** !

Avec une allure royale,
FRÉDÉRIC MISTRAL est passé en coup
de vent dans la vallée du **trône**

À force de manger des éclairs,
cette Polonaise a eu un coup
de foudre pour son pâtissier

Ô le vilain boulimique :
Plus il *déjeune*, plus il prend
un coup de **vieux** !

Pour un Cubain en période
de gastro, il est difficile
de rester **fidèle**

Pas besoin de courir contre
la *montre* pour remettre
les **pendules** à heure

Quand Paulette a le rhume
des FOINS, elle gagne toujours
à la courte PAILLE

À force de crier sur les **toits**
qu'il est toujours malchanceux,
une tuile risque de lui arriver

Depuis qu'il est revenu du *front*,
ce soldat cherche des crosses
à tout l'monde

Pour un *fossoyeur*,
c'est tous les jours qu'il enterre
sa vie d'garçon

Hier, j'ai vu un homme de main
dîner sur le **pouce**

Les gueules d'empeigne,
je m'en **brosse** !

Cette belle ***plume*** sans inspiration
se fait un sang d'encre

Mon petit doigt m'a dit
que je ne suis pas *verni*
sans que mon **ongle rie**

Mieux vaut déclarer sa **flamme**
sans avoir le *feu* au cul

Après avoir cambriolé
à visage **découvert**, il a été
reconnu et a dû passer à TABLE

Peut-on tomber le masque
sans perdre la **face**?

En période de grève de la RATP,
moins on a de MÉTRO
et plus on **rame** !

Monsieur Lelièvre n'a pas raison,
et c'est connu : le **tort tue**

Pour vivre hébreu
vivons **cascher**

Depuis que ce commerçant
s'est pris une *patate*,
il n'a plus la **frite**

Quand Josette la pipelette
parle comme une mitraillette,
son mari la *fusille* du regard

Avec leur nez à piquer
les **gaufrettes**, ces deux
chiffonnières se CRÊPENT
le chignon

Depuis que ce pauvre **bougre**
ne sait plus où il habite,
il se déchaîne comme un gland

Si *Satan* l'habite,
c'est certainement parce qu'il a
le **DIABLE** au corps

Cas médical :
Quand Julie a un chat dans
la gorge, elle se met à miauler

Cette vieille **morue** m'a regardé
avec des yeux de MERLAN frit

Jouer au *morpion* avec toi,
tu peux te gratter !

Pas besoin de se faire **tringler**
pour grimper aux *rideaux*

Et dire que tous mes potes
iront voir ce gros plein de soupe !

Devant les charmes de cette
diablesse, ce pêcheur a mordu
à l'hameçon

Après avoir coupé sa queue
de **cheval**, il s'est fait hara-kiri

Madame LEBRAS est revenue
de Cuba, la tête haute

Avec ses cheveux *gominés*,
il a tout l'air d'un **CONNARD LAQUÉ**

Pourquoi ce gendarme rit
d'avoir la **peau lisse** ?

Pas besoin d'être **menuisier**
pour avoir la gueule de bois

Roméo et Juliette se sont aimés
pour le meilleur et pour
le ***Shakespeare*** !

On ne va pas attendre le *déluge*
pour se servir un p'tit WHISKY

Quand vous voudrez jouer
au jeu de l'**oie**, faites-moi SIGNE !

Ce musicien est très attaché
à son **trombone**

Entre les PRISONNIERS,
il y a souvent des tensions

Au couvent, toutes les *nonnes*
sont fans des Beatles

Monsieur Schultz a oublié
ses palmes sur la plage

Les gens qui s'moquent trop
n'ont rien dans le cigare

J'aime pas quand les films
de science-fiction se terminent
à tort

Avec cette Slovène
à la forte poitrine,
y'a du monde aux Balkans

Une mouette qui perd
ses os devient muette

Mieux vaut avoir la gueule
de bois que d'recevoir
des coups de latte

Pas besoin de s'appeler
Bonaparte pour s'acheter
un beau studio

Ce soldat s'est comporté
comme une *lavette*. Son capitaine
ne passera pas l'***éponge***

Ce jeune mineur attend d'être
MAJEUR pour remuer
le petit doigt

Mon interlocuteur
m'a coupé la **parole**

Ce danseur espagnol
est vraiment ***soupe olé***!

Quand il met la **gomme**,
le coureur Jean *Crayon* affiche
une bonne MINE

Toi, l'homo-spirite,
sois gay, RIS donc!

Elle s'est foutu à poil dans
l'espoir de passer à la CASSEROLE

Pour avoir troublé le **concert**,
un spectateur s'est pris
une **super trempe**

Quand nous sommes de mèche,
mon cœur s'*enflamme*!

En érigeant sa tour,
Eiffel a réussi son PARI

Prendre le car pour aller boire
un demi avec sa moitié,
ça n'a pas de **sens**

C'est pas très catholique
de pousser Mémé dans les ***hosties***

Un tricheur aux **cartes** a été
enduit de mélasse de trèfle

Quand on veut offrir
un beau cendrier,
on ne **mégote** pas

L'acteur principal s'est *noyé*
lors du *tournage*

En vous **douchant** sous l'orage,
prenez un ouragan de TOILETTE

Pour un cochon sauvage,
le roi de la savane reste
un pygmalion

Dans son hôtel à BIARRITZ,
ce champion basque a les nerfs
en pelote

Dès son premier jour de taule,
ce prisonnier s'est endormi tard

Dans un camp de nudistes,
les chênes ne cachent pas
leurs glands

Cet imprésario sans scrupules
se sert d'un nain
comme haut-parleur

Rester figé sur une corde
est une histoire à dormir debout

Cet herboriste au moral très atteint
n'a pas souvent la science infuse

Cette danseuse du ventre
s'est tapé un four
avec son gros **bide**

Depuis qu'il s'est fait tatouer
un papillon sur le front,
ce soldat file un mauvais cocon

Peut-on être copain comme
cochon avec un sale ami ?

Pas besoin d'être bien *habillé*
pour se lancer dans un travail
de **sape**

Et oui, même les CHEVAUX
vont à la **selle** !

Faut être malade pour croire
que la SCARLATINE provient
d'Amérique du Sud

Être trop souvent dans la *lune*,
ça fiche la scoumoune

Sous l'effet d'un joint,
j'ai cru voir un ***mollusque***
se griller une sèche !

Y'a pas de lézard,
il sait tout sur les **sauriens**

Ce musicien naturiste joue
du **sexophone**

Depuis que ta gazelle
t'a fait cocu à Marrakech,
elle s'est transformée en LICORNE

Miss France a des nichons
à damner un **saint**

Un délinquant indien qui
bombait le torse vient d'être
arrêté pour un NEW DÉLIT

Le Soleil a déclaré sa flamme
à la **Terre**, trop mal lunée
pour l'accepter

Ce barman qui persévère
en prenant d'la bouteille
a un sacré **culot**

Ce **clown** musicien aime
se cacher derrière son pupitre

Un cinéma d'auteur
peut nous ennuyer
dans les grandes **largeurs**

Quand on est traité de *cloche*,
on est sonné !

Un potentat oriental
peut se permettre d'être insultant

Ce viticulteur CHAMPENOIS
vit sous la coupe de sa femme

Un champion de **tennis**
peut être victime d'un racket

Par ses propos décousus,
le *tailleur* s'est fait remonter
les **bretelles**

Au bord de l'eau, un **canard**
enchaîné ne se marre jamais

Cette pin-up **presbyte**
louche sur son myope de voisin

Cette *religieuse* qui n'a d'yeux
que pour les **éclairs** ne se fait
pas prier pour en déguster

Ce croupier avait les deux pieds
dans le même SABOT.
Il a **démissionné**

Mes petits crabes, en hiver,
faites attention à vous.
Ça pince!

Vercingétorix ne reculait
devant aucun *combat*

Après avoir volé un pot de miel,
ce *soudard* s'est fait **piquer**

Depuis qu'il a raté
sa finale à Rolland Garros,
ce champion est sur la sellette...

À Las Vegas, j'ai eu le plaisir
de croiser Merryl sur le strip

Après une double pinte,
cet oiseau de nuit
en a un cou dans l'AILE

Ce n'est pas en tirant sur une ambulance moscovite qu'on pourra tuer un **coronavirus**

Un communiste écrit toujours le nom **Karl Marx** en «Kapitales»

En étalant sa méthode, DESCARTES ne cachait pas son jeu

Par sa *stratégie*, ce général prend des risques : faut pas s'y FIER

Devant la ronde des enfants sous les flocons, le réalisateur s'écrie «tournez manège»

Ce champion de basket
s'est permis de mettre la main
au **panier** de la belle arbitre

De mon lit, je vois une canne
happée par un *croco*

Après trois verres dans l'nez,
ce **papy** est saoul-âgé

Un **lombric** s'est évadé
en faisant le mur

L'agriculteur a vu deux vaches
s'extraire de leur étable.
Ça va de mal en **pis**

Cette grosse dame à la tête
de courge me fiche
une de *ces trouilles*!

Cet italien centenaire a retrouvé
une nouvelle jeunesse à ***Milan***

Depuis que je lui ai déclaré
ma flamme, mon **conjoint**
fume des drôles de pétards

Faire trop de courbettes,
ça rend **idiot**

Cette mode de la veste cintrée
ne me dandy pas grand-chose

Pour une seule cigarette,
ce fumeur **invétéré** serait prêt
à te *descendre*

Jean-Baptiste vient de recevoir
le beau lierre
du meilleur *jardinier*

Depuis que la cantatrice a volé
un diamant, le docteur ***Heim***
rôde pour la faire chanter

Ce n'est pas très orthodoxe
de jouer ce **morceau** si staccato !

Le Musée Grévin refuse l'entrée
aux tristes **Sires**

Au stade où il en est,
ce **footballeur** n'a plus
son libre ARBITRE

À force qu'on le mette en stand
by, il leur a dit *au revoir*

Les chasseurs alpins n'ont plus
de boulot sur la PLANCHE

Ce *dealer* à l'arrêt
vend de la came-lotte

Lors de la *présidentielle*,
les politiques se gavent
de pain de **campagne**

Le seul **bémol** : Guy a appris
la musique sur le tard

Sonné par le halo de la lune,
je **décroche** à coup sûr

À la chasse, mon fox-terrier
est un excellent chien de fusil

Ce **cheval** qui hippocampe
sur ses positions est une vraie
tête de *mule*

Dans une ville **insalubre**,
on ne peut plus respecter
les égouts de chacun

Avant chaque opération,
ce CHIRURGIEN est impatient
d'en **recoudre**

En matière de grivoiserie,
ce cochon d'académicien
est très instruit

Devenu irascible, ce tireur
ne tape plus dans le **mille**

Cet oiseau bâtisseur
adore les *limaçons*

Les vêtements **dégriffés** lui font
toujours des marques sur le corps

C'est pas normal que
ce **pactole** soit remporté
par un démago

Sur son territoire,
un alligator
a toujours raison

Depuis qu'elle s'habille en médium,
la jolie Irma prétend lire l'avenir

T'en fais pas, Othello, Mémé
gère cet animal **apprivoisé** !

Face au MESSIE, ce prêcheur
s'est écrié « Mais non ! »

Pour sauver un caniche
abandonné, une bande de chiens
crée une **émeute**

Même à la montagne,
il vaut mieux un beau chien
qu'un *chat laid*

À force de se lever tard,
il est devenu PATAUD

À force de traîner des casseroles,
il tire le diable par la **queue**

Pour emmener mon chien se faire
soigner, je me suis levé **tôt**

Quand un journaliste
se presse, il risque de rendre
son canard **boiteux**

Pour lutter contre
un vilain gourou,
il vous faut un **secticide**

Pour transpercer la POMME
d'untel, Guillaume fait
flèches de tout bois !

Un marin saoul dans un **sous-
marin**, c'est dangereux

Fait divers:
Un second couteau a été
poignardé par son persécuteur

Depuis que mon pote randonneur
a des AMPOULES aux pieds,
il se prend pour une lumière

Météo du jour:
SHAKESPEARE nous annonce
pour demain «beaucoup
de bruine pour rien»

À force de jeûner, Achille
a l'estomac dans les talons

Ces moutons de Panurge
se font tondre la laine sur le dos

Cet homme est brillant :
c'est le mec plus ultra !

Pour que mes discours
ne s'égarent pas,
je vais bon train

Le bon Dieu est l'inventeur du
plus grand **logiciel**

Pour une **vaisselle** express,
choisissez l'évier de vitesse !

En me faisant une FLEUR,
elle m'a retiré une épine du pied

En nous *barbant*
avec ses histoires à la con,
ce coiffeur est vraiment RASOIR

À trop te laver les pieds,
tu nous **bassines**

Cette voyante née
sous le signe de la **Balance**
en a marre de cafter

La noblesse de ce **baron**
est caduque

Pour être sexy sans string,
elle connaît toutes les **ficelles**

Sur la tombe de Monsieur Nicot, on peut lire : « Avant de partir en fumée, j'ai tiré une dernière épitaphe ». Depuis, cette phrase a fait un tabac...

La religion, Jacinthe n'aime pas qu'on y **touche**

C'est frisé comme un mouton qu'il avance à pas de *loup*

Pierre, ton bal n'aura pas lieu à HALLOWEEN

Pour mieux chanter, un chanteur **arachnophobe** vient d'être opéré des *amygales*

En déménageant,
ce biologiste va céder son cobaye

C'est une religieuse
qui m'a appris la recette
des pets-de-nonne

Ce proxénète a été arrêté par
la nouvelle brigade des stupres

Pilate utilisait la pierre ponce
pour effacer le sang
qu'il avait sur les mains

Un toxico se doit d'éviter
la légitime défonce

Pas besoin d'avoir l'*étoffe*
d'un héros pour péter
dans la soie

Ce vieux projectionniste
a une drôle de BOBINE

Que cet homme soit
un vrai pot de colle.
Qui l'eut **glue** ?

Ce malheureux clandestin
ne croit plus au *hasard*

Après cette explosion,
cet ARTILLEUR a mauvaise mine

Les décisions de ce **capitaine**
sont toujours **ad hoc**

Cet **homophobe** est toujours
aux agays !

Depuis qu'il s'envoie en l'air,
ce libertin n'a plus
les pieds sur *terre*

Depuis qu'il a vendu ses **toiles**,
ce peintre a une ARAIGNÉE
dans l'placard

À la fin d'un discours *éclairé*,
ce sénateur nous a servi
des verres *luisants*

C'est en arrachant des **dents** que
ce stomato a gagné sa COURONNE

Depuis qu'on lui a fait
une tête au **carré**,
ce géomètre arrondit les angles

Je me sens mieux dans
mon assiette depuis que
je lui fais du plat

Ce cinéaste en avance
sur son temps se permet
d'arriver toujours en RETARD

L'**abbé** se délecte
en faisant des *B.A.*

Vous êtes con comme
un MANCHE, alors, du balai!

Ce joueur chanceux
a mis le casino au tapis
en faisant sauter la banque

Ça devient rasoir de le voir
rire dans sa barbe

En nous prenant de si haut,
il est tombé bien bas!

On est dans de beaux draps
quand on devient blanc
comme un *linge*!

Cette femme de ménage est
si sympa que je l'ai à la bonne

Cet escrimeur lui a proposé
la botte sans toucher
le moindre **radis**

Au tribunal, l'accusé l'a couvert
de **boue** tout en restant
sur son banc

Ce bouffeur de CURÉ adore
les grenouilles de **bénitier**

Monsieur **Guillotine** cherche
du personnel de *bourreau*

Paul préfère PERDRE le Nord
que sa *boussole* !

Ce joueur de **tennis** surmené
a besoin d'faire un **break**

En recevant un brin de **mugay**,
ce beau jeune homme voit
la vie en rose

L'expression c'est du pipeau
est un peu **superflûte**

Ce hardeur réalise ses coïts
à une vitesse supersonique

Qui a dit qu'au pôle Nord,
un amoureux brise plus
facilement la glace ?

Plus il nous fait **marcher**,
plus ça le *botte* !

Cas de CONSCIENCE :
Mon psy s'est jeté sur moi

Ce jeune tourtereau n'a pas
encore la **corde** au cou :
le mariage a été *suspendu*

Quand un **chauve sourit**, ce n'est
pas toujours à cause d'un JOKER
qui brouille les cartes

Le **rabbin** est si enrhumé
qu'il va vite à la synagrogue

Depuis que je lui ai déclaré
ma flamme, elle me fait brûler
à petit feu

Pas besoin d'être
une armoire à glace pour en avoir
dans le buffet

À force de picoler,
cet électricien s'est électrocuité

Ce philosophe des Lumières
s'est éteint depuis des lustres

Il a arrêté la coke
depuis qu'il lit entre les lignes

Ce chien d'*arrêt* à beaucoup
de cran

Au bord de la mer,
quel plaisir d'enfiler des PERLES
pendant nos sept à huîtres

J'aime parler du Pape
avec Claudia Cardinale

Ce MIROITIER syndicaliste
se bat pour la lutte des glaces

Qui a dit que, dans les tranchées,
les soldats étaient *éclairés*
par des ampoules à baïonnette ?

John **Davidson**,
ce vieux motard, m'a juré
avoir vu passer la comète de Harley

Ma copine Sandra **tire**
toujours la COUVERTURE à elle

Ce directeur de cabinet
a l'air bien constipé

Depuis qu'on l'a mis au tapis,
ce jeune boxeur s'aplatit
comme une *carpette*

Sans ses **souliers** de verre,
Cendrillon reste la cinquième
roue du Carrosse

À force de payer les pots ***cassés***,
cette fleuriste a fait faillite

Cette **poule** de luxe
a chopé des gonocoques...
elle y a laissé des *plumes* !

Si tu ne prends pas
le taureau par les cornes,
il continuera de te considérer
comme une *vache* à lait

Plus on dit à un **berger**
qu'il est grand et beau
et plus il boit du petit-**lait**

C'est dommage d'avoir
un CHEVEU sur la langue
quand on est **chauve**

Cet escroc de cuisinier a de telles
casseroles au cul que les flics
ne vont pas tarder à le cuisiner

Complètement saôul, ce pilier
de bistrot a vu un troupeau
de **girafes** faire les 400 coups !

Depuis qu'il a remporté
le grand prix, le jockey monte
sur ses grands *chevaux*

Albert, ce vieux **croûton**
arrive toujours comme
un cheveu sur la soupe

À force d'avoir des coups
de **pompe**, il est souvent
dans le cirage

Depuis qu'il a pris sa retraite,
mon **cordonnier** n'en a
plus rien à cirer

Rares sont les SDF
qui se tapent la **cloche**

Miracle : Il a **recouvré**
la vue en un clin d'**œil**

Jules, le marchand d'*ampoules*,
a mis sa femme en CLOQUE

Avec cette canicule,
ce représentant en
parapluie vend ses pépins
au compte-**gouttes**

Depuis qu'il s'est *confessé*,
ce gros pêcheur a retrouvé
la ligne !

La **doublure** de la vedette connaît
son rôle comme sa **poche**

Ce second **couteau** a donné
un coup de *canif* dans le contrat

Pour repérer une fausse note,
le Roi-Soleil avait L'OUÏE fine

Après m'avoir cassé les noix,
il a fait **amende** honorable

Pour Bébert,
le gardien de *phare*,
c'est à son tour d'y voir

Depuis qu'il n'a plus un cheveu
sur le caillou, il n'arrête pas
de nous jeter des PIERRES

Ce gros benêt vient d'inventer
une autre façon d'faire la fête :
La Java niaise !

Mon facteur n'a aucun humour.
Il prend tout au pied de la **lettre**

La situation de l'entreprise
empire depuis que César,
le patron de la boîte, se repose
sur ses *lauriers*

Avec sa secrétaire Suzanne,
Monsieur Lemon qui n'a rien
dans le **citron** a trop souvent
la main zeste !

Y'a jamais de levée
de boucliers contre les films
de *cap* et d'**épée**

Sous prétexte qu'il bûche
très fort, Goliath le **bûcheron**
pratique souvent la langue
de bois

Connu pour sa franchise
et jusqu'à sa disparition, le grand
Magicien Robert Houdin n'a jamais
pratiqué la langue
de Blois

Il est con comme la *lune*
et sa bêtise va *croissant*

Pas besoin d'avoir
les mains **sales** pour perdre
son amour-propre

Faut être marteau pour
vouloir devenir maigre
comme un clou

Pour avoir mal accompli
sa tâche, il s'est fait passer
un savon

Dans les années 1900,
point n'était besoin de mener
grand train pour *fumer* comme
une *locomotive*

Corrompu jusqu'à la moelle,
il finira bien par tomber
sur un **os**

Cet employé de pompes funèbres
a une telle RAGE de vivre
quand il prend le **mors** aux dents

Curieux ce roi du FADO
qui se promène toujours
avec sa fidèle **Lassie**

Cet agité du bocal n'arrête pas
de noyer le poisson

Dès que je lui ai dit de se mêler
de ses oignons, elle s'est mise
à **pleurer**

Les *sushis*, je nem pas ça!

Au fur et à mesure qu'il avance,
le **lapin** se sent **traqué**

Depuis qu'elle a une grave
mycose, Marguerite ne parle
qu'à mi-mot

Face à mon nouveau nez,
la nurse rit

Léon le nabot est incollable
sur Bonaparte

Pour quelques pièces,
ce coiffeur bouddhiste
m'a fait une coupe au bol

Mon ami Octave s'est emporté
sur tous les tons de la gamme

Ma copine Jade qui est native
d'Oran est toujours pressée

Monsieur Verlan est venu
recevoir son Oscar en **carrosse**

Curieux, ce videur de nuit
qui collectionne les ouvre-*boites*

Quand MAMA Rita prépare le riz,
papa est là

Rachid, mon professeur
d'Algèbre garde le teint mat

Pour sa photo devant
le château de Chantilly,
cette Miss au teint de PÊCHE
retire le haut et met L'bas

Depuis que John,
champion de rugby, a été reçu
dans le bureau ovale
par le Président,
il reste au-dessus de la mêlée

Seul un ange peut produire
des sons aussi **mélodieux**

Depuis sa *ménopause*,
elle ne respecte plus
aucunes **règles**

Avec son côté fleur bleue,
Roméo arrive toujours
à midi **net** !

Avec son drone,
ce militaire a envoyé un
missile sans même **sourciller**

Se faire piquer par ce serpent,
c'est la ***mort sûre***

Les pompes FUNÈBRES
ne connaissent pas
de **mortes**-saisons

Depuis que le *joker*
porte une perruque,
notre **chauve sourit**

Jessie Garett savoure un ***cigare***
dans son *car-havane*

En pleine nuit,
quand un vampire boit du SANG,
la mort agit !

En tombant amoureuse
d'un homme-sandwich,
Henriette du Mans
est un peu cornichon

En comptant à en perdre haleine
les MOUTONS pour s'endormir,
Angelo est devenu berger

Son livre sur la **collaboration**
reste invendu

Il sent si fort sous les bras,
qu'il s'est acheté un **lave-aisselles**

Dans la fabrication de pommes-
frites, Monsieur Legras tient
le leaderchips

Avec son livre sur la Shoah,
le grand **rabbin** est soutenu
par son LECTORAH

Pédro, Maître maçon
est lubrique jusque dans ses
murmures

Pour ce joueur de luth,
chaque concert est un COMBAT

Ce *pêcheur* misogyne rejette
facilement un thon aux abords
de la **madrague**

Ce jeune chirurgien a commis
un impair en se trompant
d'implants mammaires...

En quittant PÉPITA,
Louis s'est rué vers *Laure*

Pour un **magicien** c'est misérable
de manger du **lapin**

Ce libraire à la retraite
a du mal à tourner la **page**

Pour embellir
mon canapé **berlinois**,
j'ai acheté des coussins *germains*

Cette pauvre femme qui est
vraiment une planche à REPASSER
ne se laisse pas FAIRE

Le champion du monde
de javelot travaille désormais
en free lance

Ce jeune matelot a une drôle
de frimousse

À cause de sa fringale,
ce sale mec est devenu ripou

À trop vouloir se faire mousser,
ce funambule s'est pris un savon
par le directeur du cirque

Pour leur montrer
sa désapprobation, cet avocat
marron s'est rué vers eux

L'odeur de ces fleurs fanées
me fichent la gerbe

Malgré les nombreux dangers,
ce gladiateur restait très dévoué
à la **Reine**

Ne comptez pas sur ÉMILE
pour nous présenter
un bon gorgonzola

Ce guerrier **hongrois** est
trop courageux pour manger
de la **goulache**

Depuis qu'il trait les vaches,
il va de mal en pis

Quand ce peintre maquille
trop son modèle, il s'emmêle
les pinceaux

Le feu d'ARTIFESSES a foiré en
raison d'un pétard mouillé

Depuis qu'il se fait
des cheveux blancs,
ce peigne-cul est à **l'arrêt**

Ce n'est pas parce que ça gaze
pour lui que ce chimiste
doit s'la *péter*

Depuis qu'il a des pellicules,
ce play-boy ne veut plus se faire
prendre en **photo**

Après leur échec financier,
ce panier de *crabes* a dû rentrer
à **pinces** !

Cette prostituée prend
100 euros par tête de pipe

Depuis que ce trader s'est fait
une place au soleil,
les boursicoteurs n'arrêtent pas
d'lui passer d'la **pommade**.

Pour conduire le pied
au **plancher**, ce chauffard est
à coup sûr bas de *plafond*

Je lui ai dit
t'es une belle **plante**,
elle m'a répondu ça s'arrose

À cause de son cerf-volant,
cette femme aux yeux de biche
s'est pris les pieds dans le tapis

Depuis qu'il a trouvé de l'or,
il a un sommeil de plomb

Pour passer à la casserole,
elle me caresse dans le sens
du poil

Pour éviter les pépins,
mon pote William n'arrête pas
de se fendre la POIRE

Il n'ose pas ouvrir sa boîte à
l'être de peur de rendre l'âme

Pour ne plus mordre la **poussière**,
cesse de te comporter
comme un mouton

Triste de voir un puits de science
agir comme un SOT

J'aime quand Cécile me regarde
les **yeux** dans les *yeux*

Après son dernier échec,
John Phénix renaît de ses
cendres pour faire un tabac

En prenant de la bouteille,
Monsieur Tanin refoule du **goulot**

À chaque nouvelle épidémie,
le musée du **Louvre** ferme

Quand Babeth est ronde
comme une queue de pelle,
elle devient tarte

Quand l'ami Mollète
est là, on joue un morceau
de rock fort !

Pas besoin d'avoir
un gros pétard pour jouer
à la roulette russe

Ce nouveau riche
a POGNON sur rue

Mon pote Éric fume comme un
sapeur sans aucune trouille

En raclant les fonds de tiroir,
elle a réussi à sauver les **meubles**

Des gens qui pensent avoir
toujours RAISON, y'en a ***pléthore***!

Cet oiseau de mauvais augure
a essayé de me *plumer*!

Dis donc, *Marco*, quand
tu reviendras d'Amérique,
rapporte-moi un **polo**!

C'est pas un bobard,
je ne prendrai pas un pot
avec ce **pourri**

Ce jeune coq est soigné aux
petits oignons dans ce poulailler

Il nous faudrait un homme
de sagesse comme président

Avec sa belle voix, le charme
de cette *primma* donna OPÉRA

Quand on se retient trop
longtemps d'uriner, les
plus proches toilettes sont
propices

Ce curieux **psychopathe** asperge
ses victimes de **nouilles**

Cet athlète **pudibond** attend
qu'on lui tende la perche

Il a cassé ma serrure,
ça mérite une *raclée*

C'est inquiétant de voir un
ramoneur en rouge et blanc
s'acheminer vers nous

Quand il scrute les étoiles,
Alain, mon astronome préféré,
revêt toujours son blouson en SKY

À force de porter des masques,
on fait le Covid autour de nous

Ce rugbyman fan de hard rock
a réalisé assez d'essais

D'après cet historien, le peuple
Aztèque avait toujours la frite!

L'amie de mon copain mène
ses enfants à la BAGUETTE

L'adjudante **Jacqueline** s'éclate
avec son maquillage micils !

Ma **masseuse** ne lit que des romans
de science friction

À force de vendre du **gruyère**,
ce fromager n'a plus les yeux en
face des **trous**

En ne mangeant que
des fromages locaux, ce berger
espagnol est devenu barjo

En divaguant à cause
de la *fièvre*, cet astronome
ne parle que de Mercure

Au carnaval de **Rio**,
les loges situées à l'Orient sont
réservées par des francs maçons

Pas besoin d'avoir une **queue**
de cheval pour bien jouer
du *tambourin*

Ce BÉNÉVOLE n'aime pas
qu'on le prenne pour un pigeon

En jouant au FOOT
en Islande durant l'hiver,
Gilberto s'est complètement ***pelé***

À force d'avoir voyagé
sous les climats torrides,
il a vu son visage
se buriner complètement

Comme ce mytho t'aime,
il s'imagine faire partie
de ta tribu

Comme elle n'est pas encore
nette, cette religieuse est prise
dans une tourmente

J'aime quand tu bats des records
en plongée sous-marine

Dans cette famille de médecins,
et dès la naissance, on s'écrie :
Toubib or not toubib

Quand il voyage,
ce SULTAN n'utilise que
des traveller's **Cheiks**

On ne joue pas au **poker**
quand on a la trembelote

À force de faire des gaffes,
ce troufion s'est fait botter le cul
par son **lieutenant**

Ils ont enfin rendu hommage
à cet Empereur russe.
Mieux vaut TSAR que jamais

Ce fabricant de *velcros*
a les dents qui rayent
le parquet !

Quand un souffle de liberté
traverse la Corse, c'est toujours
la marque d'un **vent d'état** !

À l'abri de sa **pyramide**,
le Sphinx n'écoute que des VINYLES

Camarades, toutes vos luttes
sont parties en **fumée**

En hiver, la rhino, c'est *rosse* !

À cause de cette marée noire,
tant d'oiseaux sont
encore MOURANTS

Ce voleur à la mâchoire
d'acier s'est fait arrêter par
un condé sans dents

Mieux vaut fréquenter
un confrère intelligent
qu'un frère con

Depuis que tu sors dans ton
nouveau monde, tu me prends
pour un con qui t'adore

Cet homme à l'**haleine** fétide
nous a conspués

Cet idiot n'arrive jamais
à l'heure convenue

Ce trompettiste unijambiste
rêve de battre des records
au **pied** levé !

Depuis que la poule tousse,
le **coq** louche !

Ce CHIEN abandonné a fini par
se jeter du haut d'une CORNICHE

L'œuvre du peintre Peter *Snake*
vaut vraiment le *coup*

Question HUMANITÉ, un dealer
ne sera jamais un crack

Ça va choquer ce beau **linge**,
qu'on mette cette crapule
au vert

Ce prisonnier au cou
de taureau a été cravaché
et personne ne s'en émeut

Ce n'est pas parce que
tu t'appelles Jésus qu'il faut
que tu crèches chez moi

Mon cher Alain, ce n'est pas
parce que tu as les yeux fixés sur
cette CROIX que tu dois te prendre
pour le Christ

Au restaurant CAPONE,
on ne mange pas halal

En restant sur ton petit nuage,
tu ne peux pas devenir
débrouillard

Depuis que son collègue
lui a infligé une dégelée,
il y a un **froid** entre eux

Face à un CRS agressif,
un manifestant lance : « Et **tazer** ! »

On l'a tellement fait marcher
qu'il a besoin de se délasser

Est-ce que cacher des billets
de banque sous son matelas
est un délit ?

Depuis qu'il a vendu sa salle
de CINÉMA, il se sent déraciné

Quand on ne le met pas
au courant,
il devient désinvolte

Ce *desperado* s'enfuit en
descendant la rivière

Devant son esprit **malicieux**,
même le diable rit

À 20 heures,
le message de l'astronaute
sera diffusé en **direct**

Les **diplomates**
ne sont pas tous brillants

Ce Marocain a tellement bien
mené sa barque qu'il vogue
sous les *dirhams*

Non, Docteur,
il souffrait de DYSPEPSIE
bien avant d'avoir bu du Coca

Pour sauter sur ce pauvre
chevreuil, le chasseur
a du prendre de l'élan

À cause de son embonpoint,
il a été mal noté

Par son courage, ce bleu a déjà
un drôle de mental

Le bras de ce lanceur
de *disques* s'est **enrayé**

En lui offrant
une nouvelle **brebis**,
Olive, la femme du fromager,
lui fêta son ANNIVERSAIRE

Le turban de ce *fakir*
est complètement **fichu**

Coco, mon cuisinier préféré,
serait prêt à s'autoflageller
pour conserver ses **haricots**

Pour ce trader,
il est maintenant établi que
l'ÉTAU de la bourse s'est *resserré*

Hier, j'ai couru avec
ma bru dans les Landes

Elle est si jolie
que tout le monde vient
porter son linge pour la voir

Dès 23 heures,
ce mari stupide apparaît
comme un vrai benêt de nuit

Quand je lui dis qu'elle m'émeut,
cette grosse vache boit
du p'tit LAIT

Faire converger
les grandes idées sociales reste
le bon fruit d'une civilisation

Au marché aux puces,
un **ostréiculteur** asiatique
s'échine à trouver la perle rare

Arrête de te croire un **pécheur**
devant l'Éternel

Devant son commandant,
ce légionnaire barbu a caché
ses photos intimes
dans ses **favoris**

Ce sorcier amazonien s'attribue
les pouvoirs de ses **ancêtres**

Pour écrire son livre *Carpe Diem*,
cet écrivain pêche tous ces maux
à la ligne

Ce présumé coupable
d'agression sexuelle
fait l'objet d'une enquéquête

Ce **Grand** cru de Bordeaux
n'est pas piqué des vers

Face à cette **injustice** sociale,
les facteurs RIPOSTENT

83 pour **cent** des citadins
assassinés le sont
dans l'**artère** principale

En France, les *corridas* sont de
plus en plus interdites par des
arrêtés préfectoraux

Le jour du **mariage**,
avant de se mettre
la cravate autour du cou,
l'époux avait la gorge nouée...

À force d'acheter des réveille-
matins, le véto de mon village
a perdu la notion du temps

Après être tombée
dans les **pommes**, ma tante Olga
a le nez en *compote*

Ce n'est pas pour laisser
les *sous venir* que le Président
a écrit ses **mémoires**

En marchandant ainsi,
ce blaireau se comporte
avec nous comme un marchand
de TAPIRS

En faisant le beau, ce chenapan
pousse vraiment à la roue

Quand il est rond
comme une queue de billard,
Jojo nous rend maboule

Tout en fumant des barreaux
de chaises, ces deux avocats
ont discuté à bâtons rompus

Depuis qu'elle lit
des romans de gare,
Nancy déraille complètement

Avec cette chaleur et pour éviter
d'avoir un pied dans la tombe,
je dois vite me rincer la *dalle*...

Si vous voulez voir
cette belle **sirène**, faites
la QUEUE comme tout le monde !

Loulou me prend vraiment pour
un âne quand il me paie en...
monnaie de singe

Dès que Lola se comporte
comme une allumeuse,
son mari pique un FARD

Depuis qu'il a changé
de coupe de cheveux, le gardien
de but se fait coiffer au poteau

En survolant Bagdad,
Aladin s'est pris les pieds
dans le tapis

À l'enterrement de Mémé
Gertrude, toute la famille
s'est mise en rang d'oignons
pour pleurer en **chœur**

À force de travailler du CHAPEAU,
ce cerveau des mathématiques
a perdu la **tête**

Comme dit Hans Muller,
pas besoin d'être nazi pour être
un bon ***aryen***

De retour de sa mine,
Bill le célèbre chercheur
s'endort sur son or rayé

Ce n'est pas parce que
tu as perdu ta taille de **guêpe**
que tu dois avoir le bourdon

Depuis qu'il est devenu
ALCOOLIQUE, Butch Cassidy
se fait traiter de tireur
d'élitre

L'auteur :

http://www.sylvaingary.com

Achevé d'imprimer par Corlet, 14110 Condé-en-Normandie
N° d'imprimeur : 21020515 - Dépôt légal : janvier 2021 — *Imprimé en France*